Alfons Petzold

Das hohe Leuchten

Eine Auswahl seiner Gedichte

Alfons Petzold: Das hohe Leuchten. Eine Auswahl seiner Gedichte

Erstdruck dieser Zusammenstellung: Jena, E. Diederichs, 1939, versehen mit einem Nachwort von Heinrich Lersch (1889-1936).

Neuausgabe
Herausgegeben von Karl-Maria Guth
Berlin 2019

Umschlaggestaltung von Thomas Schultz-Overhage

Gesetzt aus der Minion Pro, 12 pt

Die Sammlung Hofenberg erscheint im
Verlag der Contumax GmbH & Co. KG, Berlin
Herstellung: BoD – Books on Demand, Norderstedt

ISBN 978-3-7437-3387-9

Bibliografische Information der Deutschen Nationalbibliothek

Die Deutsche Nationalbibliothek verzeichnet diese Publikation in der Deutschen Nationalbibliografie; detaillierte bibliografische Daten sind im Internet über www.dnb.de abrufbar.

Inhalt

Bekenntnis 5

An das Volk 5

An die jungen Menschen 6

Werkleute 7

Die Arbeiter 9

Der Maurer 9

Der Erdarbeiter 10

Der Korbflechter 11

Der Arbeitslose 12

Erwartung 12

Deutschland 13

Häuser im Abend 14

Die stille Gasse 15

Die Stadtwiese 16

Die Ausflügler 16

Der Frühling 17

An eine Amsel 18

Die Wolke 18

Die Bäume 19

Die Wälder 20

Die Linde 22

Erntetag 23

Herannahendes Gewitter 23

Abend im Walde 24

Der Baum 24

Wein 25

Im Walde 26

Abend an der Donau 27

Schneenacht 28

Schneeflocken 29

Volkslied 30

Liebeslied 30

Meine Mutter 31

Frau Maria Luise 31

Dienende Frauen 33

Die Schwangere 34

Das Kind 35

Der Erbe 36

Die Vielen 36

Die Teilnahmslosen 37

Der Egoist 38

In einer Klosterbibliothek 38

Franz von Assisi 39

Der Kranke 40

Der Blinde 41

Das alte Mädchen 41

Die Greisin 42

Die Toten 43

Der letzte Gruß 43

Meinen Kindern 44

Die Verzweiflung der Zeit 45

Die Dinge und ich 46

Ich bin die Welt 47

Das hohe Leuchten 48

Merkspruch 49

Lied an Gott 49

Der heilige Brunnen 50

Nachwort 52

Bekenntnis

Ich bin ein Span von deinem Stamme,
von deinem Feuer eine Flamme,
ein Korn, das deine Erde reift,
ein Blatt, das deine Liebe streift!
Zu jeder Stunde eins mit dir und tiefverwandt
bist du in mir und ich in dir,
mein deutsches Volk und Land.

An das Volk

O Volk, du Masse,
all deine vergangenen Nächte und Tage,
da du Not littest, erduldetest schmachvolle Pein,
vergiß sie, o Volk, und lasse
sie auf Erden nimmer gewesen sein.

O Volk, du Masse,
recke dich auf und fasse
den Hammer.
Nicht zu vernichtendem Schlage
auf irgendeines armseligen Menschen Gebein!
Er soll fallen
in deiner Werkstatt Hallen
mächtig auf deinen Stahl, dein Holz und Gestein!

An die jungen Menschen

Enthebt euch aus dem dunklen Schoß
beengter Menschenwissenschaft:
Das Leben selbst will stark und groß
euch zeigen seine höchste Kraft.
Die Mauern aus zerlesnen Büchern,
verschriebenen Heften, stürzt sie ein!
Enthüllt von tausend Leichentüchern
der Schönheit hellen Götterstein!

Vergeßt die Orgien der Zahl,
der Sprache blinde Tyrannei.
Der Tafel Logarithmenqual
soll brechen eure Faust entzwei.
Nun stürzt euch in das große Träumen
der ungeheuren Welt hinaus
und meßt euch in den Sternenräumen
die Länder für die Seele aus.

Die feile Phrase von dem Sinn
der übernommnen Tüchtigkeit,
werft sie zum andern Trödel hin
und werdet Kinder eurer Zeit!
Reißt nur herab die altersgrauen
Perücken einer Mumienzunft,
die Brillen mit den nebelblauen
Nachtgläsern trockenster Vernunft.

Und tretet nackt aus euch ins Licht
des Tages, der euch wird geschenkt,
da ihr das junge Angesicht

nicht mehr in leere Schriften senkt.
Werft euch dem Leben an die Brüste
mit einem Schrei der Ungeduld
und laßt zurück die gelbe Wüste
jahrhundertalter Lebensschuld.

Die Erde ruft nach Griff und Tat,
Gelehrsamkeit ist ihr verhaßt,
Gehirne brauchen keine Saat,
die nie zum reifen Boden faßt.
Und wollt ihr Gottes Reich erringen,
trotz der Katheder schwarzem Fluch,
so laßt den Zwang den toten Dingen
und macht euch frei von Heft und Buch!

Werkleute

Werkleute laßt uns sein!
Werkleute, die den Hammer, den Spaten, das Beil und die Säge
    lieben!
Die Welt braucht die Arbeit der Hände, um wieder leben zu
    können,
um wieder Freude zu finden an Tanz und Gesang,
an der Liebe und der zeugenden Kraft des Geistes.
Werkleute laßt uns sein!
Ihr Dichter, Musiker, ihr Grübler über Büchern, Dingen und
    Wesen,
ihr Tänzer und Freunde der Masken, ihr Sänger, Athleten, Läufer,
    Bezwinger der Berge,
ihr Suchenden auf der Straße des Geistes und den Gassen des
    Wissens,

ihr Lauschenden auf der Erde, ihr Sehenden über die Gräber
hinaus,
ihr Priester und Magier, Maler, Bildhauer und Lehrer,
tretet an, ergreift das Holz, den Stein, das Eisen,
beuget den Rücken und kettet euch fest an das begonnene Werk!
Tretet an! Laßt uns Werkleute sein!
Und laßt uns an Schlaf nicht denken, nicht an die Wohllust der
Ruhe!
Denn die Wasser des Todes steigen und steigen,
schon düstert es untergangsdrohend die Horizonte herauf.
In den Wäldern heulen die Welthungerwölfe von Nacht zu Nacht
immer stärker,
Scharen grausiger Geier umwolken die Sonne,
auf manche Landschaft fällt aus den Sternen blutiger Schnee
und rot leuchtet nahe Vernichtung aus dem Nebel unserer Angst,
Werkleute laßt uns sein!
Werkleute, die fröhlich das Morgenlicht grüßen
wie einst das zu Tanz, Musik und Spiel hinlockende Leuchten
der Lampen;
Werkleute, die glücklich bei der Abendsuppe
auf ihre erworbenen Schwielen blicken
wie einst auf den Rosenglanz ihrer polierten Fingernägel.
Symbolischer Klang sei uns das Kreischen der Säge,
den unsagbar hinreißenden Rhythmus des Lebens
verkünde uns das Kreisen der Räder und Kolben einer Maschine;
und schön und über alles sei uns das Weib,
das Wasser uns zuträgt,
wie einst die attische Schwester den Griechen beim Bau ihrer
Tempel.
Werkleute laßt uns sein! Tretet an, ihr Freunde, tretet an!

Die Arbeiter

Sturm und Gewalt ist in unseren Händen,
stehn wir im räderdurchdonnerten Raum;
doch in dem keuchenden Beugen der Lenden
sind wir gar oftmals nur Andacht und Traum.

In dunkler Berge verlorner Kaverne
sind wir die Brüder der strahlenden Tage;
türmen wir Steine im Antlitz der Sterne,
lebt Gottes Sehnsucht in unserer Plage.

Unser Wille erschüttert die Erde,
und der heiligsten Unruhe voll
schenken wir ihr durch die stete Beschwerde
Ewigkeit, die unserm Schaffen entquoll.

Der Maurer

Wo das Gerüste in das Blau
des Himmels sticht ein Loch,
da steht, auf schwankem Bretterbau,
ein Mann im Arbeitsjoch.

Er kennt nicht Ruhe, kennt nicht Rast,
ein jeder Nerv ihm bebt,
bis daß des Reichtums Prunkpalast
sich in die Wolken hebt.

Schweißtriefend Stein um Stein er schiebt
in das Gefüge ein.

Sein Brot, das ihm die Arbeit gibt,
ist härter als der Stein.

Und wenn auch fernehoch das Haus
aufstrebt, an dem er schafft,
er sieht darüber doch hinaus
die Weite seiner Kraft.

Der Erdarbeiter

Gräbt sich seine blanke Schaufel tief
in die quarzversteinte Brust der Erde.
Was darinnen lange tatlos schlief,
macht er frei, auf daß es schaffend werde.

Wenn gebückt er jeden Schaufelstich
prüfend mißt nach seiner vollen Stärke,
weiß er nicht, daß er ein neues Ich
weckt zum Nutzen großer Menschenwerke.

Jeder Stein, den er der Nacht entreißt,
ist ihm nichts im ganzen Weltgefüge.
Ach, sein armer, müder Sklavengeist
kennt nur Sorge, Haß und Not und Lüge.

Er ahnt nur: Wenn sich die Zeit erfüllt,
wo auch ihm ein frohes Schaffen werde, –
ist sein armer Leib längst eingehüllt
irgendwo in quarzversteinte Erde.

Der Korbflechter

Erst klopfe ich die rauhe Rinde
herab vom Weidenstammgezweige,
daß sich das fertige Gebinde
den Blicken weiß und glänzend zeige.

Dann fügt sich unter meinen Händen
das gute Holz so wie das schlechte,
wenn ich es mit den harten Enden
verbinden muß zum Korbgeflechte.

Die feinen Ruten, flach gezogen,
ich muß sie auseinanderlenken,
auf daß sie im gespannten Bogen
sich um so inniger verschränken.

Und will mir eine Rute streben
aus des Geflechtes festen Gängen,
so muß ich sie – wie mich das Leben –
mit sicherm Griffe niederzwängen.

Der Arbeitslose

Staub auf den Schuhen und auf der getretenen Seele,
schleicht er den Weg der stummen Vergrollten dahin,
springt ihm kein fröhliches Wort aus der trockenen Kehle,
Suche nach Arbeit drückt seinen grübelnden Sinn.

Seine Tage sind dunkel, die Sonne verhüllen
graudampfe Nebel. Er hebt nicht die Blicke empor.
Die Klänge der Arbeit, die alle Straßen erfüllen,
brausen um ihn wie ein hohnvoll spottender Chor.

Wie doch die Stunden in quälendem Hoffen sich dehnen,
indes ihn vorwärts peitscht die hungernde Not.
Er klopft an die Türen, dahinter die Hämmer dröhnen,
all seine Sinne schreien nach Arbeit und Brot.

Alles umsonst. Der Taglauf beugt sich dem Ende.
Wiederum nichts. Seine Lippen flüstern es matt.
Er schaut im Haß auf die schwielenbedeckten Hände
und schleicht hinaus auf das lehmige Feld vor der Stadt.

Erwartung

Wir haben gekämpft vor den Rädern, Werktischen und Bänken.
Tag für Tag ohne Ruhe um Brot und Licht;
wir durften uns nicht an Sonne und Freude verschenken,
in Sorge und Schatten bargen wir unser Gesicht.

Da klagte die Heimat: Ihr meine nachtschürfenden Söhne,
horcht, das Verderben donnert an Grenze und Tor!

Wir blickten auf; im Ahnen blutiger Löhne
schwuren wir in das Feuer der Sterne empor:

Wir sind nur Proleten, aber wir lieben die Erde,
die unsern Schweiß in rauschenden Strömen trinkt:
fort in die Schanzen, hoch auf die scharrenden Pferde,
wenn auch der Tod mit der sausenden Sense winkt!

Nicht gezagt und gewankt, wir wollen das Ende erwarten,
als stünden wir ruhig in Bergwerk oder Fabrik;
neben den Fahnen heben sich unsre Standarten,
uns nur zur Sicht, verkündend ein bessres Geschick!

Deutschland

Deutschland muß größer werden!
So hör ich rufen allerwärts.
Ja, es muß größer werden,
muß reichen auf der Erden
in jedes Hirn und Herz!

Deutschland muß stärker werden!
Kraft blüh aus jedem Schuß und Streich!
Ja, es muß stärker werden,
muß gründen auf der Erden
der Menschheit goldnes Reich.

Häuser im Abend

Zusammengeschoben von des Abends Hand
lehnen die Häuser an der dämmernden Wand
des Himmels und lauschen mit steinernem Ohr,
was aus der werdenden Nacht tönt hervor.

Denn zu Beginn
des Gesanges der Sterne
bekommen die Mauern Gefühl und Sinn.
Und die Häuser, deren geduldige Quadern
den Menschenlärm tagsüber ertragen,
in ihren Traversenrillen und Adern
fühlen sie Wellen der Sehnsucht schlagen,
der Sehnsucht nach der Ferne.

Sie streben aus fesselndem Mörtelgefüge,
und sie erinnern sich der Zeit,
da sie, noch ferne der Stadt und der Lüge,
lebten in Wahrhaftigkeit.
Das Holz besinnt sich auf seinen rauschenden Wald,
der Pfeiler tragende Granit und Asphalt,
das Eisen, der Stahl und alle
zur Zier verwandelten Metalle
spüren in sich der Urwelt wilde Kraft,
brausen auf und stemmen sich gegen die menschliche Haft.
Alles ahnt es, alles weiß es,
daß dort im Dunkel des dämmernden Kreises,
im Schutze der Nacht, die Freiheit wohnt
und nichts in darbender Härte front.

Ein geheimes Regen beginnt
in den Häusern zu wachsen wie sturmnaher Wind,
knittert, ächzt auf, verdonnert, zerbricht ...
Da schleicht sich ein Menschlein zum Hebelstahl
der elektrischen Leitung, auf einmal
steht alles in Licht.
Und in der bleichen, grausamen Flut
verzischt der Häuser sehnsüchtig Blut.

Wieder stehen sie stumm und kalt ...
fern rauscht ein Strom ... fern singt ein Wald ...

Die stille Gasse

Steinerne Gasse, sachte hingehügelt,
am höchsten Dachgerände blau begrenzt,
am Morgen von der Sonne sanft durchflügelt
und abends noch einmal von ihr beglänzt.

Kühl gehen deine stillen Atemzüge,
Erregung zittert selten durch dein Blut,
umspannt von festgemörteltem Gefüge
verbirgt sich deiner Menschen Lebensglut.

Nur nachts, wenn deine Tore dunkel gähnen,
das Glas der Fenster in der Stille klirrt,
ist voll von Lachen und durchströmt von Tränen
dein überstirntes, steinernes Geviert.

Die Stadtwiese

Zwischen Kaserne und Wagenremise,
zwischen dem grauen Werkeltag
glänzt eine kleine Sonntagswiese,
wie sie im Frühling nur glänzen mag.

Ganz voll Sonne und duftender Bläue,
wie ein samtner Übertan,
schmiegt sie sich in rührender Treue
an das verschmutzte Gerümpel an.

Rußig schauen die Mauern herunter
und eine splittrige Türe spricht:
O du heiliges Frühlingswunder,
schenk uns ein wenig von deinem Licht!

Die Ausflügler

Es hat uns eine klingende
Stunde aufgeweckt,
damit uns eine singende
der Erde Pracht entdeckt.

Wie sind doch alle Ebenen
und Berge grün!
Wir dunklem Tun Ergebenen
wachen auf und blühn.

Die unsern Blick begrenzenden
Häuser sind nicht mehr,

es wandern nur die glänzenden
Wolken vor uns her.

Wir sind nicht mehr die Ringenden,
von Großstadtnot umstellt,
wir tragen unsere schwingenden
Herzen durch die Welt.

Der Frühling

Man weiß nicht, wie man lebt in diesen Tagen,
die so voll Duft und neuer Sonne sind.
Man will die allergrößten Worte sagen
und lallt nur wie ein frohbewegtes Kind.

Die Straße kommt dem Wanderer entgegen
und alle grauen Meilensteine regen
sich schlank wie Mädchen an dem grünen Rand
der Wiesenschale, die vom vollen Blühen
die ganze Kraft der Erde will versprühen
auf das besonnte Gottesland.

Und alle Bäume sind in sich versunken,
des Glückes voll; und ganz von Liebe trunken
durchträumen sie das wundersame Fest
des Mutterwissens, das im Raum der Rinde
sich sehnt nach seinem holden Blütenkinde
im leise schaukelnden Geäst.

An eine Amsel

Schwarzer Vogel, unscheinbarer,
oh, wie dank ich dir,
tönt dein Singen immer klarer
werdend über mir.

Als die Uhr der Abendstunde
gibt dein Amselherz
allen Trauernden der Runde
Ruhe ihrem Schmerz.

Wenn auf Busch und Baum und Seele
trüber Dämmer fällt,
lobst du mit beglückter Kehle
die entschlafne Welt.

So viel Trost im dunklen Grame
schenkt kein Herz wohl hin,
so wie deines, wundersame
Nachtverkünderin.

Die Wolke

Eine weiße Wolke seh ich schweben
in dem bergumkränzten Himmelsrund,
ihre schön gezognen Linien heben
hell sich ab vom tieferblauten Grund.

Schiff der Seligen! Nicht Erdenschwere
trägt sein Bord, ein leichtes Ätherspiel

steuert es im sonnenhohen Meere
froh entgegen einem guten Ziel.

Blaue Fluten schmeicheln seine Lende,
führen es zum nahen Felsenrand,
und von seinem glänzenden Gelände
fällt ein Leuchten in das ferne Land.

Wohl das letzte; denn ein Felsenkegel
schattet schon die Quelle seines Lichts,
und mit vollem ausgespanntem Segel
schwindet es hinüber in das Nichts.

Die Bäume

Wie sie doch so selig sind
im ewigen Schauen der himmlischen Güte,
wie sie, beschwert von Sonne und Blüte,
mit ihren Zweigen
zur Erde sich neigen.
Um ein armes beschattetes Blumenkind
mit seinem blassen Gesicht
emporzuheben ins gleiche Licht.

Wie sie doch so selig sind,
des Morgens stehen sie stille
und beten, Käfer und Grille
sind stumm und lauschen
auf das reine, glückliche Rauschen,
aber auf einmal kommt feldher der Wind,
der springt auf die Äste und schreit:
Brüder, jetzt haben wir fröhliche Zeit!

Wie sie doch so selig sind!
Des Abends im Leuchten der westlichen Röte
singen sie zum Spiel einer Flöte.
Die Stimmen heben
sich mächtig auf und schweben
mit dem wandernden Abendwind
über die Gärten, um Holz und Stein
und schlafen langsam – langsam ein.

Die Wälder

Ganz nah dem Himmel stehen sie,
sind voll des Wissens des uns Unbekannten.
Die tiefste Weisheit haben sie verstanden
in ihrer hingehauchten Melodie:
Stark sind nur die, die sich zusammenfanden,
den Baum besiegt der Sturm, die Wälder nie.

Aus ihrem kühlen Schatten traten
seit Anbeginn die Götter, deren Taten
Licht zeugten dieser dämmerigen Welt,
reich waren an den wunderbarsten Gnaden,
die den entferntesten Gestaden
noch schenkten ihrer Früchte Saaten
für ein erwartungsvolles Feld.

Keusch hüllen sie sich in ihr Dunkel ein
und sind nicht schamlos wie die nackten Wiesen,
die brünstig jeden Sonnenkuß genießen,
dem Weibe gleich, das auf des Bades Fliesen
den Körper läßt ganz Wunsch und Wollust sein.

Gar mancher, dem die Erde Schweres tat,
ging hin und horchte auf der Bäume Rauschen
und wurde tief verinnerlichtes Lauschen
und lächelte ob seiner Zwergennot.
Er fühlte seiner Hoffnung Segel bauschen
und konnte Kraft für seine Schwäche tauschen:
Sieg witternd stieg er in sein Lebensboot,
hob kühn sein Haupt ob aller Nacht und jedem Tod.

In ihren Dämmer wuchs das Düster-Glühende,
das Hirne ineinanderflammen ließ,
das einmal Wahn und einmal Rache hieß
und manches Mal den Weg in eine blühende
und große Zeit mit heller Fackel wies,
da alles Volk, das kämpfende, sich mühende,
frohlockend zog, wie in das Paradies.

Aus ihnen sprang das furchtbare Verderben,
tierwütig brach es raubend in das Land,
warf in die niedren Stuben qualvoll Sterben
und auf die Dächer roten Feuerbrand.
Der, dessen Tag und Tun, klirrend in Scherben
und Trümmern ging durch eine böse Hand,
floh in den Wald und las dort aus den Kerben
der alten Bäume rasendes Verderben,
dem Menschentrug und allem eitlen Tand.
Da ward er kühn durch dieses stumme Werben
und schleuderte sein Hassen in das Land.

Und wiederum kommt alles Stille, Reine,
Sehnsüchtige aus ihrer grünen Fülle
und legt sich um das Rauhe und Gemeine,
als eine zarte, gottbeseelte Hülle.

Die Dörfer, Städte fühlens in den Quadern,
durch die der Wälder Bäume sich wie Adern
hinziehn, durchrauscht von jenem seltnen Blut,
in dem der Urgewalten Kräfte schäumen
und alle Sagen, alle Märchen träumen
von einem Wunder, das darinnen ruht.

Die Linde

Gesät von einem Winde,
der ihren Samen einst verlor,
strebt eine junge Linde
aus dunklem Grund hervor.

Der Erde Muttergüte
betreute sie so lieb und bang,
bis daß die erste Blüte
aus ihrem Leibe sprang.

Wie sie nun breit ausladet
ihr goldig blühendes Geäst,
steht sie von Gott begnadet
im Leben stark und fest.

O Erde, liebe Erde,
mach mich der jungen Linde gleich,
du liebe Seele werde
wie sie so blütenreich!

Erntetag

Der Himmel steht in glühendem Brand
hoch über dem goldenen Ernteland.

Ein silbern Glänzen im Sonnenschein:
die Sensen brechen ins Kornfeld ein.

Die Bauern bücken sich tief im Schweiß:
Brot, Brot, dir gilt der hohe Preis!

Herannahendes Gewitter

Wie heute war noch nie das Licht so grell.
Was sonst sich zeigt den Blicken klar und hell,
schwimmt jetzt in einem glasig starren Duft.
Das Tal ist kleiner worden, eingeengt
ist jedes Wesen, und die Sonne hängt
wie eine tote Ampel in der Luft.

Ein schwarzer Rauchqualm überm trägen Fluß
greift riesenarmig in den grauen Guß
der Himmelswölbung, so als wolle er
herunterreißen jene Wolkenbank,
die ob dem Strom in ruhigem Geschwank
herabdroht auf die Erde, ernst und schwer.

Abend im Walde

Das letzte flimmernde Geleuchte
der Sonne auf den Wäldern ruht,
indes die kühle Abendfeuchte
silbern entsteigt des Weihers Flut.

Die Schatten an dem Rand des Teiches
in ihrem feinen, zarten Strich,
die haben etwas Mädchenweiches
und seltsam Huschendes an sich.

Und nicht das leiseste Gezitter
geht durch die Bäume ringsumher,
die stehen wie versteinte Ritter,
moosüberwuchert, lebensschwer.

Sie träumen von vergangnen Zeiten
und schauen wipfelfromm empor
zum Himmel, wo die Sterne schreiten
gelassen aus dem blauen Tor.

Der Baum

Auf dem Gehügel steht ein Baum,
verdorrt und blütenleer.
So hebt ihn in den breiten Raum
ein Schicksal ernst und schwer.

Und läßt der Frühling keck und stolz
die Blütenfahnen wehn,

so regt sich nicht sein totes Holz,
und unbegnadet muß er stehn.

Doch manche Nacht, wenn alles ruht
um ihn, so tief und fest –
umströmt der Sterne helle Flut
als Segen sein Geäst.

So leicht geheiligt schaut er nun
froh abwärts ins Gebreit
und sieht auf allen Dingen ruhn
frohe Ewigkeit.

Wein

Rings im Gehänge der Laube
fühlt sich die reifende Traube
lüstern im eigenen Blut.
Schon spürt sie an schwellender Lende
das Tasten und Fassen der Hände
und lächelt dem seligen Ende
entgegen mit sinnlicher Glut.

Die Äcker und Wiesen sind ledig
Der köstlichen Ernte, fruchtgnädig
wandert der Herbst durch das Land.
In bauchige Kübel und Fässer
rinnt rotes und goldnes Gewässer;
es blinken die gläsernen Messer
in gesegneter Winzerhand.

Dunst muß an der Decke sich stauen,
es sitzen die Männer und Frauen
und füllen mit schweppendem Maß
des Frühlings gewaltiges Mühen,
des Sommers berauschendes Blühen,
des Herbstes frommreifendes Glühen
hinein in ein funkelndes Glas.

Im Walde

Wie seltsam ist der Wald in seiner
schier unbegrenzten Einsamkeit.
Nur manchmal tönt ein geigenfeiner
hauchleiser Ton durch sein Gebreit.

Ein jeder Baum, vertieft in Beten,
kennt keinen seiner Brüder mehr,
und dennoch ist es mir, als reden
sie alle selig um mich her.

Ein schmaler Pfad, dumpfgrünes Düster
hüllt meine zagen Schritte ein.
Versteckter Quell raunt im Geflüster:
»Kommt nicht herein, kommt nicht herein!«

Ich zwänge mich durch Blätterwände,
die Augen sehen grüne Flut,
auf deren welligem Gelände
das frohe Lächeln Gottes ruht.

Abend an der Donau

Abend umspannt die Zeit,
reglos starren die Sterne.
Aus der Matrosentaverne stapft die Dunkelheit.

Walzt mit wankendem Gang
über die Donaubrücke,
in einer Gassenlücke
vergröhlt ihr Gesang.

Flußauf nebelumdrängt
schaukelt ein kleiner Nachen,
drüber das helle Lachen
froher Menschen hängt.

Lichtschwer dräut die Stadt,
frißt das Licht der Laterne,
das aus der Stromtaverne
blinzelt scheu und matt.

Schneenacht

Als alles schlief
in letzter Nacht, der Morgen war schon nah,
lag sie vor mir, die Stadt, so tief
verhüllt in weiße Schleier da.

Im Stundenkranz,
der um des Tages Sarg sich wand,
Schnee-Englein schwebten froh im Tanz
vom Himmel abwärts übers Land.

Sie streiften ab
beim Reigen ihr schlohweißes Kleid,
das auf die Erde fiel herab,
umhüllend alles weit und breit.

Wo tags vorher,
als noch der Essenwald geraucht,
das ungeheure Häusermeer
der Großstadt war in Qualm getaucht –

Da blühte rein,
umsponnen von dem Sternenflor,
in unser graues Großstadtsein
die Pracht der Winternacht empor.

Schneeflocken

Winzig kleine Englein fliegen
auf die dunkle Erde nieder.
Sieh ihr Tanzen und ihr Fliegen,
höre ihre frohen Lieder.
Wenn sie ruhen nach dem Tanze,
tausend da und tausend dort,
ist mit ihrem Silberglanze,
übersprüht ein jeder Ort.

Ihre Stirnen, hocherhoben,
tragen Krönlein funkelhelle.
Ihre Röckchen sind gewoben
aus dem Duft der Ätherwelle.
Und sie singen, so als übe
jedes ein, ein frommes Lied,
wenn auch morgen schon die trübe
Gosse ihre Leichen sieht.

Seelchen sind es, ungezählte,
die du siehst vor dir im Falle.
Gottgeküßte, gottbeseelte,
so wie du, wie ich, wie alle.
Wesen Gottes, die beseelt sind
durch der Liebe starkes Licht.
Und wie wir zum Kampf erwählt sind
in dem engen Kreis der Pflicht.

Volkslied

Frag nit, woher du kamst!
Genug, daß du nur kommen bist
und daß mein Herz du nahmst
in einer kurzen Frist.

Ein Schauen ist die Lieb,
so eigen, so ganz wunderlich;
das deine sprach: »O gib!«
und meins: »Da hast du mich!«

Liebeslied

So schön wie du ist die Birke nicht,
aber sie hat doch dein Gesicht,

wenn sie nachts aus dem Dunkel schaut,
ganz von Liebe und Licht betaut.

O wäre ich ein Vogel, in ihrem grünen Haar
würde ich singen die tausend Jahr.

Meine Mutter

Wieviel Tage und Nächte
werden noch vergehn,
bis ich wieder werde
meine Mutter sehn?

Bis ich wieder höre
ihre Stimme lind:
»Hast du heim gefunden
so wie ich, mein Kind?

Schau, mein Bub, ich habe
schon dein Bett gemacht,
gleich an meiner Seite
rechts im Armenschacht.

Rück mit deinem Sarge
fest an mich heran,
daß ich, Bub, des öftern
nach dir sehen kann.«

Frau Maria Luise

Im dämmrigen Raume, dem mächtig kühlen,
zwischen hochstirnig verbuckelten Stühlen
der Innsbrucker Kirche zum heiligen Franz
steht längslang ein seltsamer Totentanz.
Fürsten, Gelehrte und tapfere Helden,
von denen Sage und Chronika melden,
um die sich der Ruhm ihrer Taten geschildet,

stehn hier aus Eisen und Kupfer gebildet:
Der König Artus, der Dietrich von Bern
und viele der alten tirolischen Herrn:
Kaiser, Könige, weise Gelehrte,
mit Tugenden und Lastern beschwerte,
sodann noch etliche edle Frauen
sind hier unter heiligen Bildern zu schauen
und träumen hier bei braunen Kutten
und herunterlächelnden, süßen Putten
von schöneren Tagen, vergessenen Dingen,
von denen die Mönche nicht beten und singen.
Würden die nicht beim Danken und Flehn
vor Gott ihre Ohren mit Demut verstopfen,
sie hörten gewiß beim Vorübergehn
die ehernen Herzen der Statuen klopfen.
Ich gehe durch die Reihen hin,
versinke in moderndes Kämpfen und Lieben,
da les ich die Worte, in Eisen getrieben:
Frau Maria Luise, Königin.
Ich schaue zur Mutter Gottes empor,
die lächelt aus ihrem Strahlentor,
die heilige Agnes beim Seitenaltar,
Sankt Christophor mit dem struppigen Haar,
alle Engelsköpfe und Heiligenmienen
sind von unirdischem Glanze beschienen.
Und – – o strahlendes, wirkliches Wunder:
von seinem Kreuze steigt Christus herunter,
geht langsam auf die Statue zu
und küßt der ehernen Frau die Schuh.
Orgelklang braust durch die Kirche hin:
Frau Maria Luise, Königin!

Dienende Frauen

Ich sehe viele, viele Frauen dienen,
sich tief in Demut auf die Erde beugen;
sie müssen fremder Menschen Kinder säugen,
behüten tote, mächtige Maschinen,
und was an Kraft, an Schönheit ist in ihnen,
das dürfen sie nicht fröhlich weiterzeugen.

Sie haben nur ihr Frauentum zu fassen
in einen eisenstarren, schweren Reifen,
sie könnens nicht zum edlen Glanze schleifen;
was in ihm sprüht, ist nur ein dunkles Hassen,
das manches Mal durch plötzliches Begreifen
ihr armes Schaffen zwingt zum stolzen Lassen.

Dann sind sie, oft nur eine kurze Stunde,
so ganz in dem Gefühle aufgegangen,
als trügen sie verzierte Silberspangen
und führten goldne Becher zu dem Munde.
Sie schauen sieghaft in die enge Runde
und glauben sich mit Goldbrokat behangen.

Es jauchzt und singt ein jeder Nerv in ihnen
und tanzt der Freude und dem Licht entgegen;
und doch sind sie im Banne der Maschinen,
sie tanzen zwar, jedoch ihr ganzes Regen
hat etwas von dem Puppenspielbewegen;
denn ihre Seelen müssen weiterdienen,
die schreiten nicht durch einen hohen Saal,
sind irgendwo in Angst und Nacht und Qual.

Die Schwangere

Ein Lichtlein, von der Liebe angezündet,
in ihrem Leibe auf zur Flamme loht.
Den Sinn des Ewigen hat sie ergründet
und schaut nun lächelnd über Grab und Tod.

Um ihr geheimes Königtum zu schauen,
stehn oft die Nachbarinnen vor dem Tor,
sie hebt sich aus der Fülle dieser grauen
und müden Menschen wie ein Licht empor.

Wie von den Bäumen, die in Blüte stehen,
geht eine fromme Sehnsucht von ihr aus.
Und viele Mädchen ihren Kreis begehen
und kommen seltsam weiser dann nach Haus.

Sie lassen alte Bücher, edle Steine,
wie traumumsponnen sie im Leben stehn,
und suchen in der Ferne nur die eine,
die einem Wunder darf entgegengehn.

Das Kind

Ging ich heute durchs Vorstadtreich,
sah ich an einem Fenster ein Kind,
dürstend nach Licht, lufthungrig und bleich,
wie die Kinder der Armen sind.

In dem verflimmernden Sonnenschein
an das Kreuz des Fensters gepreßt,
hielt es mit blaßdünnen Fingerlein
sich an das schmale Gesimse fest.

Hinter dem großen Gichtblumentopf
ward ich ein schmächtiges Weib gewahr,
das dem zerlittenen Kinderkopf
zärtlich kraulte das schüttere Haar.

Lehnte das Kind auch elend und bleich
an des Fensters sonnigem Rand,
kam es mir vor unermeßlich reich
unter der heiligen Mutterhand.

Der Erbe

Die Demut vieler Frauen liegt in mir,
die nie nach Größe in dem Dasein frugen
und ihre starke Erdensehnsucht trugen
wie eine seltene, geheime Zier.

Aus denen nie ein wollustheißes Wort
nach Liebe schrie in brünstigem Verlangen;
die leise kamen, leise sind gegangen
und dabei hofften stark und innig fort.

Die Kleider trugen aus dem gröbsten Stoff,
doch innerlich mit königlicher Würde
sich stolz erhoben unter ihrer Bürde,
von der der Schmutz des Lebens auf sie troff.

Die, Kindern gleich, kaum wußten was geschah –
und niemals ließen andere erkennen,
wie tief die Flammen keuscher Sehnsucht brennen,
die nie ein Mensch in ihren Augen sah!

Die Vielen

Vielen erklang ein eisernes Wort im Gehirn.
Es schoß aus der Zeit, es sprang in die Menschen hinein.
Die stehen, Arm an Arm gepreßt, Stirne an Stirn,
und fühlen: die Kraft der Tat kann nur in der Vielheit sein.

Das Wort umspannt sie, formt sie zu einem Leib –
Tausende Fäuste wachsen in einer Faust.

Vieler schwächlicher Tage armseliger Zeitvertreib
wird zum starken Appell, dessen Hall die Erde durchbraust.

»Bruder, du auch?« Hand faßt freudige Hand,
Blick glänzt in Blick zu froher, seliger Sicht.
Aus dem Staube der dunklen Stunde ins harrende Land
hebt sich die Einheit der Vielen, hebt sich das neue Licht.

Die Teilnahmslosen

Da stehen sie und regen schwer die Glieder
in den durchdampften Räumen der Fabrik.
Ein jeder senkt auf seine Arbeit nieder
den noterstarrten, teilnahmslosen Blick.

Sie sind nicht Menschen mehr, sind nur Maschinen,
die in dem vorgeschriebnen Stundenkreis
sich drehen müssen, ohne daß von ihnen
nur einer seine Kraft zu schätzen weiß.

Sie können nimmer ihre Hände spannen
nach ihrer Tage mühevollem Tun
um eigne Werke; was sie je begannen,
muß halbvollendet tot im Dunkel ruhn.

Sie schaffen abertausend Gegenstände,
sie machen viele Dinge stark und groß;
doch ist nicht Gott im Regen ihrer Hände,
und was von ihnen kommt, ist seelenlos.

Der Egoist

Er bleibt sich immer nur ein enger Kreis,
der seine Kraft in sich hineinverschwendet,
ein jedes Dasein gibt ihm den Beweis:
die Menge ist es, die das Große schändet.

Den Weg in einen fremden Schicksalsraum
verrannte ihm sein stolzer Eigenwille,
so blieb er fruchttot wie ein dürrer Baum
und schafft um sich nur eines: Kalte Stille.

Greift eines Menschen Hand nach ihm, dann häuft
er Stein und Stein um sich im engen Kreise,
und wenn ein Tropfen Liebe auf ihn träuft,
wischt er ihn weg und lacht verächtlich leise.

Und ahnt nicht, daß er immer mehr und mehr
sich seiner selbst entfernt und nachtzu wendet,
worin die Seele licht- und liebeleer
auf ihrem selbsterhöhten Kreuze endet.

In einer Klosterbibliothek

Die kühle Sattheit gelber Greisenhände
ruht hier auf allem, was das Auge faßt.
Die ungefügig schweren Gegenstände
mit ihrem abgegriffenen Gerände
umstehen möncheernst den Gast.

Nur einer Totenmaske Gipsprofil
hebt sich vom dunklen Wandbezug und lauert
mit einem hohnvereisten Lächelspiel
auf den, der hier vor Büchern kauert
und mit zwei Fragen seinen Geist ummauert:
»Was ist der Anfang, und was ist das Ziel?«

Franz von Assisi

Es war ein seliges Ingottgenügen,
das aus ihm sprach und seinen Männerzügen
die Klarheit einer Frühlingsblume lieh.

Aus seinen Augen schritt der Liebe Segen
allen Wesen dieser Welt entgegen
und grüßte sie.

Auf allen Straßen, die er schritt, verspürte
er eine Hand, die stark und froh ihn führte
zu Gott empor aus seiner Dürftigkeit.

Den Bettlern stahl er aus der Brust das Hassen,
demütig mochten Herzoginnen fassen
sein Bettlerkleid.

Der Kranke

O Schicksal, tief in Not
des kranken Körpers liegen,
indes im Sommer wiegen
sich Blumen, weiß und rot.

Die graue Lerche steigt
austönend immer höher,
mein Herz, der arme Späher,
liegt leidvoll da und schweigt.

Der Schatten, den ein Baum
hinwirft vor meinen Fenstern,
erfüllet mit Gespenstern
des kalten Zimmers Raum.

Die bücken sich zu mir
herab und fragen, klagen –
ich hör die Leute sagen,
der Kranke redet irr.

Und nachts, da steigt der Mond
herein mit schweren Lasten
und zimmert einen Kasten,
darin Verwesung wohnt.

Bei jedem Hammerschlag
aufzucken wild die Sterne,
ein Hund heult in der Ferne –
Mein Gott, wann kommt der Tag?

Der Blinde

Seltsames Bild, einsickernd in die Schau,
von der es in das Herz hinuntergleitet:
Ein Mensch, der sicher, wie an einem Tau,
blind durch die volksbeschwerten Gassen schreitet.

Wie eine ausgebrannte Ampel hängt
der Blick in dem Gesicht, nicht einmal senkt
und hebt er ihn, und nur der Hände Spiel
an seinem Stabe geben ihm das Ziel.

Die Leute weichen mitleidsvoll ihm aus
und Kinder fühlen ihren Frohsinn schwinden,
ein Schatten fällt ganz schwer von Haus zu Haus –
die lange Straße steht im Bann des Blinden.

Das alte Mädchen

Es geht wie eine, die vom Licht nichts weiß,
ganz eingehüllt in eine kranke Scham.
Sein Leben ist ein engbegrenzter Kreis,
der seine Sehnsucht einst gefangennahm.

Die Scheu vor allem, was da hell und laut
nach einer Freude mit dem Manne langt,
hat diese Mauer fest und hoch gebaut,
so daß kein Blick sie jemals überschaut
und nie ihr Grund im Sturm der Wollust wankt.

In ihrer Mitte steht es ernst und bleich,
ein Hauch der Kälte weht aus seinem Leib,
und nichts an ihm ist gut und frauenweich
und möchte künden: dieses ist ein Weib!

Nur wenn es hört von ferne her ein leises
Geschrei aus einem zarten Kindermund,
wirft es sein Herz an das Gestein des Kreises,
und ein Gefühl, ein seltsam flammenheißes,
brennt ihm geheim die harte Seele wund.

Die Greisin

Ich sah ein Weib mit zittrig alten Händen,
das seine starken Gaben längst gespendet,
wie es, gehalten von des Lehnstuhls Lenden,
ein Stückchen mürbes Weißzeug nochmals wendet.

Indes der Frühling mit den Feuerbränden
der Blütenglut die müden Augen blendet,
vernäht das Weib die feinen Leinwandenden,
an die es seine letzte Kraft verschwendet.

Vielleicht, daß es schon heute nicht mehr sieht
die Sonne dieses Tages untergehn
und in des Abendwindes leisem Wehn

verhallt sein strophenlanges Lebenslied.
Ich stehe stumm und will den Blick nicht wenden
von diesen gelben, arbeitsschweren Händen.

Die Toten

Da sie nun unten in der Erde liegen
und nichts mehr tun, als stille sein und lauschen,
was die geheimen Bäche um sie rauschen,
die in den Stunden ihres Lebens schwiegen;

da sie nun können ihre Blicke senden
in sich hinein, und nicht mehr auf den Gassen
der Welt das Licht in fremde Dinge fassen
um arm zu bleiben mitten im Verschwenden;

da sie nun dürfen mit den Wurzeln sprechen
und mit dem feinsten Saatkorn neben ihnen,
und nicht mehr vor den Hämmern und Maschinen
die schwersten Worte so wie Holz zerbrechen –

ist ihnen alles Leben Traum gewesen,
ein Alpdruck in den Morgen hingeschwunden,
in dessen Sonne sie sich selbst gefunden,
vom Fieber alles fremden Seins genesen.

Der letzte Gruß

Wenn die Nacht auf ihre wunde Erde
legt die guten Hände sanft und kühl,
geht durch alle toten Menschen, Pferde
noch einmal lebendiges Gefühl.

Alle hingemähten Männer, Tiere,
schon von dunkler Ewigkeit umweht,

alle sehn noch einmal eine Türe,
die zu ihrer Heimat offen steht;

blicken in die Ställe, in die Scheunen,
in die Stuben ihrer kleinen Welt,
und ein wehes Wiehern, wildes Weinen
strömt mit ihrem Blute übers Feld.

Und das ist ein Heben und ein Sinken
schwerer Leiber in dem weiten Raum
und ein allerletztes, letztes Winken,
wie im Traum.

Meinen Kindern

Sieh zu, daß dir die Sehnsucht bleibt
wie einem Wald zur Winterszeit,
wenns noch so weiß herunterschneit,
ein grüner Tannenbaum.
Sieh zu, daß dir die Sehnsucht bleibt,
behüte sie, betreue sie,
denn ohne sie, da bist du wie
im ungeheuren Erdenraum
ein Federflaum,
der zwecklos hin am Boden treibt.

Die Verzweiflung der Zeit

Gott ist weit!
Hunger hält uns am Halse gepackt.
Umsonst, daß die Seele nach Hilfe schreit –
diese furchtbare Zeit
ist sorgenschwanger und freudennackt.

So gellts aus den Städten,
kriecht stöhnend die Gassen der Dörfer entlang,
die Kirchen sind voll, alle Messen und Metten
durchstürmt der Verzweiflung wilder Gesang,
und die Menschen sind lebensmüde, als hätten
sie alle vor sich einen Ölberggang.

Es rafft die Not im schwarzen Raum
der Nächte Tausende Darber zusammen,
und Sehnsucht nach Gott und Brot zeugt Flammen,
die wachsen zu einem Feuerbaum,
der Städte, Dörfer überglüht
und wie das Auge eines neuen Gottes sprüht.

Tausend Propheten gehen herum,
jeder hält ein Göttlein in Händen –
doch steinerner, eiserner Lärm macht sie stumm
oder läßt sie reden vor tauben Wänden;
wenige beugen den Rücken krumm
vor ihren Worten, die Lüge spenden.

Alle Herzen sind jammererfüllt;
auch die Reichen sind Bettler im tiefsten Grunde
der bangen Seele, die lumpenumhüllt,

sich sehnt nach der großen, heiligen Stunde
und in Angst erstickt, wenn hungernd aufbrüllt
der Riese Volk mit grollendem Munde.

Die Welt ist ein einziger Schrei und Ruf
nach Brot und neuem Gotteserkennen;
wer eine Minute ihr Tanz und Freude schuf,
den will sie jubelnd Erlöser nennen.
Erlöser sind viele, doch ihr verschattet Gesicht
birgt selber die brennende Sehnsucht nach Brot und Licht.

Sie sahen ein Fünkchen vom Lichte, das ewig strahlt,
aßen Mehl aus der Mühle, die ewig mahlt,
aber verblendet von ihrem göttlichen Glück,
zogen zu früh sie Augen und Hände zurück.
Nun stehen sie wieder im Dunkel und Hunger der Welt,
aus der es zum Himmel im klagenden Rhythmus gellt:

Gott ist weit!
Hunger hält uns am Halse gepackt.
Umsonst, daß die Seele nach Hilfe schreit –
diese furchtbare Zeit
ist sorgenschwanger und freudennackt.

Die Dinge und ich

Ich möchte so sein, daß ich aller Dinge
urtiefsten Sinn mit klarem Blick erspähe,
daß ich erkenn, in welche Gottesnähe
sie alle streben aus dem Daseinsringe.

Denn ich weiß wohl: so wie sie sich dem Blicke
des einen zeigen, geben sie sich nicht
den andern preis, und tausende Geschicke
durchleben sie vor Gottes Angesicht.

Und welches Bild von ihnen ist das wahre?
So grüble ich durch lange, schwere Stunden,
denn find ich dieses, hab ich auch das klare
Bild meines eignen dunklen Ich gefunden.

Ich bin die Welt

Der Erde Dasein ist in mir begründet,
ich bin ihr Raum und bin auch ihre Zeit,
und was der Tag an Kraft in mir entzündet,
das nimmt sie auf in ihre Ewigkeit.

Formt daraus Steine, die in Zukunftsferne
verbunden sind zu einem stolzen Bau,
macht es zum Lichte, das im Reich der Sterne
in dunkler Nacht noch bietet helle Schau.

Sie gießt es einem Baum in sein Geäder
und läßt es werden frohe Blütenpracht
und gibt es einem Dichter in die Feder,
auf daß er künde, was ich nur gedacht.

Ich bin die Welt, in meinem Pulsgetriebe
sagt dies mir laut und deutlich jeder Schlag,
und was mich ewig macht, das ist die Liebe,
mit der ein Gott erschuf den ersten Tag.

Das hohe Leuchten

Wer ist auf dieser Erde mir nicht fremd
und kann so ganz mein kleines Dasein deuten?
Wer hört, von keinem Mauerring gehemmt,
die helle Glocke meiner Seele läuten?

Mein Wandern durch den Tag und durch die Nacht
ist einsam sehr, soviel ich mich auch mühe,
daß mir ein zweites Licht entgegenfacht
und mit dem meinen froh in einem glühe.

Ja, viele Menschen stehen da und dort
und schauen auf bei meinem starken Schreiten
und sprechen manchmal auch ein grüßend Wort,
doch ist dies voll versteckter Heimlichkeiten.

Und ängstlich hüten sie ihr Pünktchen Licht,
verschließen es mit ihrer Hände Hüllen,
aus denen nie das hohe Leuchten bricht,
um alle Straßen dieser Welt zu füllen.

Doch werden einmal alle Hände sich
zu einer liebesschweren Hand verschlingen
und alle Wesen zu dem letzten Ich,
zu Gott in letzter frommer Einheit dringen.

Merkspruch

Immer ist es der Schweigende,
Der das Wort sät in die Welt,
Immer ist es der sich Neigende,
Der zuletzt als Sieger Einzug hält.
Allen laut und hastig Strebenden
Baut ein tiefes Grab die Zeit,
Nur den still und einsam Lebenden
Blüht die hohe Ewigkeit.

Lied an Gott

Du bist aller Berge Saum,
bist der Grund von jeder Tiefe,
aller Wege letztes Ende
und zum höchsten Glück das Tor.
Alles wäre Nacht und Traum,
wenn nicht deine Stimme riefe:
»Hebt zum Schaffen eure Hände
aus der Ruhe Nichts empor!

Alle werdet ihr mir gleich,
die ihr seid im kleinsten Kreise
das, was ich, das All umfassend
über allen Welten bin:
Schöpfer, der sein Sonnenreich
baut nach bester Art und Weise,
jede Stunde Trägheit hassend,
die ihm lähmt den starken Sinn.

So wie euch und jedes Ding
hat die Sehnsucht mich geboren,
und der Sehnsucht starker Wille
webte mir mein Gotteskleid.
Keine Kraft und Größe ging
diesem Leben je verloren,
wenn sie nur in aller Stille
Ziele sah in Raum und Zeit!«

Also sprichst du und der Klang
deiner Gottesworte zittert
in mir nach seit jener Stunde,
wo ich ihren Sinn erfaßt.
Und mein armes Herz, das bang
sich von Schmerzen sah umgittert,
trägt seit dieser frohen Kunde
still sein bißchen Erdenlast.

Der heilige Brunnen

Ein tiefer Brunnen geht
bis an das Herz der Welt.
Der Erde Leid verweht
an diesem heilgen Born.
Wo immer nur der Strahl
von seinem Wasser fällt,
da wird das Land zumal
gar reich an Frucht und Korn.

Nur Freude steigt empor
aus seinem Gottesschacht,
sein goldnes Quellentor

umrahmt ein Sternenkranz.
Und wer die Sterne sieht
in ihrer frohen Pracht,
dem ist die Welt ein Lied,
das Leben selbst ein Tanz.

Die Sonne ist der Born,
halt an und gönn dir Rast,
daß all dein Haß und Zorn
aus deinem Herzen fällt.
In ihre helle Flut
versenk dein bißchen Last
und schreite neugemut
und rüstig in die Welt.

Nachwort

Im Jahre 1896 stellte sich in Wien ein Schulentlassener den Arbeitgebern vor: »Sie suchen einen Jungen, Meister! Ich heiße Alfons Petzold, will ein Arbeiter werden. Aber ich muß gleich verdienen!« – »So, was wiegst du denn, wie groß bist du? He, Gesellen, meßt das Bürschel!« Die Männer ergriffen den kleinen Frager, legten ihn auf den Boden, maßen ihn nach Schuh und Faust, dann stellten sie ihn wieder auf die Beine: »Können wir nicht brauchen! Ist zu schwach, husten tut er auch!« – »Aber tapfer ist er, schreit nicht und lacht dabei!« urteilte der Meister. »Wir füttern ihn mal ran, vielleicht wird er ein Herkules und schafft für zwei!«

Der kleine Petzold wußte, wie roh die starken Gesellen waren, und hatte erfahren, daß doch ein gutes Herz unter den häßlichen Reden mitklang. So begann er voll Vertrauen seine erste Arbeit. Doch er leistete nicht, was er sollte. Der Meister hatte Mitleid mit ihm, als er hörte, daß sein Vater in einem Spital für Unheilbare auf den Tod wartete und die Mutter infolge einer Blutvergiftung linksarmig gelähmt war. »Schau! Du mußt für drei schaffen, nicht nur den Willen, auch die Knochen anstrengen! Schaff! Schaff!« so spornte ihn der Meister an. Die Kollegen, selbst überlastet mit Arbeit, trieben ihn mit roher Gewalt zur Hingabe der letzten Kräfte. »Du krank, Vater krank, Mutter krank, am besten, ihr verreckt alle drei! Die Welt wird nicht ärmer ohne euch!« sagte der Meister und schickte ihn weg.

Noch manch ein Arbeitgeber nahm sich des Jungen an: Er diente als Abwaschbursch in Hotelküchen, Glasspüler in Schenken, Botengänger und Fensterputzer. Wer dem Jungen in die blitzblauen Augen gesehen, der konnte ihn nicht abweisen. Sein Hänselgesicht leuchtete von unbesiegbarer Hoffnung. In zwei Jahren hatte er ein Dutzend Stellen und Berufe hinter sich, als er sechzehn Jahre alt ist, stirbt sein Vater. Die Mutter bricht den gesunden Arm, und als sie aus dem Spital kommt, sind beide Arme steif. Die Arbeitsunfähige, ganz allein auf den Verdienst des Jungen angewiesen, grämt sich krank, sucht hinter ihrer verlorenen Gesundheit her, verliert die sonst so starken Nerven, wird von einem Wagen überfahren und stirbt dabei. Gewiß war mit den kranken Eltern die Last von den Schultern des Siebzehnjährigen abgenommen; jedoch mit der Sorge verließ ihn auch die Spannkraft; er glaubte nicht mehr an seine Vaterstadt; er wanderte nach langer Arbeits- und Obdachlosigkeit nach Polen und fand in der Textilstadt Lodz Spinnereiarbeit. Der hustende Jüngling wußte, was die Staubluft für seine Lunge bedeutete, er mußte weiterwandern und kam endlich nach Wien zurück. Handwagenzieher, Straßenkehrer, Flaschenspüler und Lumpensortierer: sobald sich ein Stärkerer für den Schwächling meldete, wurde er entlassen. Zwölf Jahre mühte er sich als Aushilfs- und Gelegenheitsarbeiter. Niemand sah es den mutigen Augen an, daß sie in Krankheitsglanz so unwahrscheinlich blau leuchteten. Niemand ahnte bei seinen lustigen Scherzworten, daß er dabei das Stöhnen seines zarten Leibes überschrie. Es wußte auch niemand, daß dieser gebrechliche Mensch jeden Sonntag über Schreibheften saß und dichtete, daß er die Nächte, in Büchern lesend, verkürzte. Nur ein paar Arbeitskameraden wußten von seinen Gedichten; sie erzählten von dem tapferen Mann und unterstützten ihn mit Fürsprache bei dem Brotherrn. »Ein Arbeiter, der dichten kann, darf in Wien nicht untergehen!« Es sprach sich rund, die Arbeiter wurden stolz auf ihn, sie ließen ihn in ihren Versammlungen Gedichte rezitieren, wilde, gläubige Gedichte an die nahende Revolution. Im August 1908 brachte man den Sechsundzwanzigjährigen ins Spital; hinter einer kaum ausgeheilten Rippenfellentzündung zeigte ein Blutsturz, welcher Art die Krankheit war. Als er diese Attacke hinter sich hatte, mußte er auf die Straße: »Wir sind ein Krankenhaus und keine Versorgungsanstalt!« Nun war sein Arbeitsmut dahin, seine Kraft zu Ende; er trug die Tuberkulose als Todgeweihter in ein unbekanntes Armutsquartier, legte sich zum Sterben hin. Die Zimmervermieterin, eine Arbeiterfrau, pflegte ihn, entdeckte in seinen Sachen die Gedichte und erzählte es weiter. Die Arbeiter riefen einen Schauspieler von der Hofburg an. Ferdinand Gregori nahm die Gedichte dieses sterbenden Poeten, er und seine Kollegin, Frieda von Meinhard, sprachen seine Verse in einem großen Vortragsabend und erzählten über ihn. Staunend über die Schönheit der Verse dieses kranken Mannes opferten die Zuhörer. Mit diesem Geld konnte der Dichter in der Lungenheilstätte Alland untergebracht werden. Von nun an wurde er als Dichter bekannt. Er kehrte nur noch zu Besuch nach Wien zurück, lebte weiter in Heilstätten und Kurorten, 1910 erschien sein erstes Gedichtbuch. Nicht in Wien, der kunstreichen und sangliebenden Stadt, sondern in Philadelphia. In wenigen Wochen war die Sammlung vergriffen, ein Jahr später erschien das Buch in Wien. »Seltsame Musik« hieß der Titel. Seltsam war nur, daß dieser kranke, proletarische Sozialist inmitten der marxistischen Umwelt keine Klassenkampfgedichte schrieb. Deswegen mußte das Buch erst in Amerika gedruckt werden, es war zuviel deutsches Volkslied in den Klängen dieses Poeten. In der Zeit lebte Adolf Hitler als Bauarbeiter in Wien. In seinem Buch schildert er die fürchterliche Verhetzung und Zersetzungsarbeit des Marxismus in dieser Stadt. Es ist selbstverständlich, daß dieser Dichter, der aus tiefem Elend heraus von seinen Leiden und Freuden singt, keine Gnade in den Augen der Parteiliteraten findet.

Petzold singt von »des Werdens Gottesgröße« und findet selbst im Jammer der Vorstadt noch Kraft und Schönheit:

»Meerzwiebeln auf dem Fenster
in einem alten Topf,
dazwischen jung und selig

ein blonder Kinderkopf.
Zwei blaue Spitzbubaugen,
die Locken wirr im Wind;
in all der Not zufrieden
ein Proletarierkind!«

Das ganze Buch klingt von der Sehnsucht und Freiheit in der Natur:

»Gib mir dein Frühlingslaub,
dein jauchzendes Geklinge
von Wäldern, Feldern, Flur und Au
und singe, Herz, und singe!«

Nein, solche Verse waren nicht für den Klassenkampf rentabel verwertbar. Eine Anklage gegen den Atheismus klingt in seinem Schrei auf:

»O Gott, meine Seele
braucht ein führend Licht,
sie wandert so viele Wege,
aber den richtigen nicht!

Um meine suchende Seele
bauen sich Nebel so dicht,
O Gott! Meine Seele
bittet um Licht!«

Durch zwölf Jahre bitterster Arbeits- und Armutsnot ist Alfons Petzold hindurchgegangen. In allen Liedern klingt des Todes Ton, in vielen Versen ächzt die kranke Stimme des Tuberkulosen. Doch er klagt das Leben nicht an. Er hat Kraft in seiner Seele, daß er den Starken und Gesunden noch soviel zurufen kann:

»Über dem Leben zu stehen,
ist stolz und dumm.
Mitten im Leben stehen,
aufrecht und gerad,
seinen Teil dazu geben,
das nur ist eine Tat!«

Und so singt er das Lied vom Bauernkrieg, er spürt den Aufruhr im Blut:

»Jetzt geht der schwarze Teufel um,
Herrgott, jetzt hilft kein Beten,
jetzt heißts, die Sichel, die da krumm,
zu graden Spießen treten!«

Alfons Petzold war nicht weltfremd und abgewandt seiner Zeit. Er war ehrlich bis in die Knochen, darum hütete er sich vor jeder, auch der klassenkämpferischen Phrase. Wenn er den Gesang der Revolution dichtete, dann sah er sein geknechtetes Volk, das aufbricht und zur Vergeltung schreitet:

»Tausende Tage und Nächte
verrannen still und stumm,
nach dem, der die Freiheit brächte,
schauten die Armen sich um,
wartete lange Jahre
friedlich der Knecht
von der Wiege zur Bahre
auf sein Recht!«

Um 1912 habe ich Petzold kennengelernt. Ich arbeitete schon ein halbes Jahr in Wien. Da hörte ich ihn zum erstenmal Gedichte vorlesen. Mir war es unbegreiflich, daß ein Arbeiter in solche

Höhen steigen konnte, daß Proleten und Bürger, Künstler und Gelehrte gleicherweise von ihm ergriffen waren. Als ich ihn kennenlernte, hatte er sich gerade mir einer Gefährtin aus der Heilanstalt verheiratet.

Eines Tages nahm er mich mit in sein Häuschen einer Gartenvorstadt. Er war dreißig Jahre, der etwas verwachsene Leib fiel gar nicht auf, wenn man sein Gesicht sah: unter blondem Haar türmte die Stirn eines Philosophen. Er hatte die Augen eines kühnen Soldaten und Eroberers. Sie leuchteten jetzt von jungem Glück und Eroberfreude; eine starke und hagere Nase mit beweglichen Nüstern herrschte über seinem wohlgeformten Mund. Ich mußte immer in dies Gesicht sehen, das mit seinen heiter blauen Augen mich an einen niederrheinischen Schiffer oder an einen Lüneburger Heidebauern erinnerte. »Ja, schau nur zu! Die Natur hats nicht gut mit mir vorgehabt. Ein Wiener Krüppel ist aus dem Sohn eines Sachsenbauern geworden. Die Mütter stammen aus dem Thüringerland!« Er sagte dies ohne Bitterkeit. Nie hatte ich einen Menschen von so wahrhaftiger Seelenruhe kennengelernt. Mit jedem Wort, das er sprach, fühlte ich, daß dieser Mann, der so viel gelitten, schon in einem unsichtbaren Reiche lebte, in das ich, der dreiundzwanzigjährige, nie hineinblicken würde. Ein gütiger Priester konnte nicht beruhigender wirken als er. »Schau«, sagte er, »ich bin glücklich, weil mich das Leben nicht stumpf gemacht hat. Jetzt muß ich immerzu dichten: Glück und Gram, Trauer und Klage, Jubel und Fluch, Qual der gegenwärtigen Umwelt und die Anbetung der Geliebten, Eingebung und Empörung. So ein verbitterter Mensch, wie ich als Junge war, mußte körperlich zusammenbrechen. Soll ich nun traurig sein, weil sich die Kraft zu Kunst und Dichten überreich in meinem Leben sammelt, anstatt daß sie den kranken Leib wieder aufbaut?« So sprach der Mann, der Armutshöhle entflohen, der Krankheitsfolter entronnen, aufgestiegen aus dem Bann anonymer Großstadtmasse in die Freiheit geistigen Schaffens. Einmal legte er seine Hände auf meine Schultern und sagte: »Komm, damit du den Menschen siehst, der mich so überglücklich macht. Komm zu meiner Frau.« Ich sah in dieses unwahrscheinliche, seltsamste aller Dichterhäuser und Dichterleben hinein. In einer Veranda, vom wilden Wein herbstleuchtend umsponnen, lag im Liegestuhl eine junge, zarte Frau, rührend schön in ihrer Hilflosigkeit, strahlend von Fieber und Liebesglück. Ich sah den Dichter zwischen Schreibtisch und der Geliebten gehen, wie ein Verzauberter, unirdisch, wie in einer Traumwelt. Immer wieder erzählte er von der Hölle seiner Jugendjahre, von Arbeitskampf und Arbeitsnot. Ich lauschte, es lauschte die junge Frau, stolz und lächelnd. »Bist du wenigstens gesund, Heinrich Lersch?« fragte er mich und wandte sich wieder zu seiner Frau. »Ach, Kesselschmied sein zu dürfen, Brücken bauen, Gasometer, Schiffe, stark mitten zwischen Starken, das muß schön sein!« Seine Sehnsucht ging nach allem Starken und Gewaltigen. Er las mir aus seinem neuem Gedichtbuch: »Der Ewige und die Stunde« vor. Eben, mit der Nachmittagspost kam es in Korrekturbogen an. Spät in der Nacht ging ich, betäubt und verwirrt. Solch eine Fülle von Liebe und Glück, Reichtum der Seele und freundlicher Güte hatte ich nie gesehen. Am nächsten Tag tippelte ich den Alpen zu. In vielen Briefen hat er mir, der damals nichts als Kesselschmied und Tippelbruder war, die Freundschaft bewiesen: er hat mich immer wieder vor der Phrase gewarnt, immer zu den ewigen Dingen geführt. So wunderte ich mich nicht, als ich 1914, zu Beginn des großen Krieges, aus tiefster Erschütterung und seelischer Teilnahme sein Bekenntnis vernahm:

> »Ich bin ein Span von deinem Stamme,
> von deinem Feuer eine Flamme,
> ein Korn, das deine Erde reift,
> ein Blatt, das deine Liebe streift.
> Zu jeder Stunde eins mit dir und tiefverwandt

bist du in mir und ich in dir,
mein deutsches Volk und Land!«

Sein nächstes Gedichtbuch: »Volk, mein Volk!« ist mit einemmal aus der Sphäre des Einsamen herausgehoben: das große, gemeinsame Erlebnis ließ ihn Gedichte schreiben, die jeden Menschen angehen. Natürlich brachte dieser Gefühlssturm die marxistischen Gönner auf: sie beschimpften ihn und rückten wieder von ihm ab, nachdem sein Erfolg sie bezwungen hatte. Ebenso natürlich erschütterte die Blutwelle seine Widerstandskraft: allzuviel Leid brach in Mitleid und namenloser Trauer aus. Der Kranke hat zu viel an Schmerzen gelitten, als daß er in Nächten der langen Schlachten sich in Siegesfeiern ergötzen kann. Er gedenkt der verlassenen Sterbenden und ist niedergeschmettert von dem Meer von Qual, das über die Erde fließt:

»Ich träume, die Seele des Mondes zu sein,
und trinke die Qual dieser Stunde
wie giftigen Wein.«

In diesen Tagen der schwersten Kriegsnot Österreichs stirbt seine geliebte Frau an der Schwindsucht. Und dennoch bekennt er im nächsten Buch (das in der Widmung auch den Namen Heinrich Lersch trägt) »Der stählerne Schrei!«:

»Ich habe es lange nicht gewußt,
was Heimat sei und Vaterland.
Sprachs einer mit durchglühter Brust,
winkt ich nur spöttisch mit der Hand.
Von meiner Tage Not gewürgt,
sprach ich mit haßverzerrtem Mund:
nicht einmal hat für mich gebürgt
der Heimat hochgepriesner Grund.

Da kam des Krieges rote Flut –
ich hörte, wie die Erde schrie:
›Du bist mein Fleisch, du bist mein Blut!
Steh auf, steht auf und banne sie!‹
Ein Rauschen sprang in meiner Brust
empor und wurde wilder Brand –
auf einmal ward es mir bewußt,
was Heimat heißt und Vaterland!«

Der Dichter, nun ganz vom kämpfenden Leben gepackt, wehrt sich gegen allen Tod, schreibt sich in glücklicher Schaffensfreude gesund. Er verheiratet sich von neuem mit einer tapferen Frau. Sie kämpft für seine Unabhängigkeit, sie gebiert ihm drei Kinder, unentwegt befeuert ihr starker Geist sein Leben. Alfons Petzold ist nun auf der Höhe seines Schaffens, reist zu Vorlesungen, hat das Glück, im ganzen Reich Begeisterte für sein Werk zu finden. Nach seiner Rückkehr, im Jahre 1921, genau vierzig Jahr alt, befällt ihn die Grippe, im einundvierzigsten Lebensjahr, übergrellt vom Schrei der Inflation und des Betriebstaumels, stirbt er. Sein Werk besteht aus dreiundzwanzig Büchern. Heute, viele Jahre nach seinem Tode, sehen wir des Dichters Zeit und seine Werke anders als seine Zeitgenossen.

Wir hören, daß der zutiefst Leidende, daß der Mensch, der die schwerste Last trägt, nicht von Haß und Rache, sondern von Liebe und Güte singt. Wir sehen, daß der Mensch, der wirklich ausgestoßen aus dem Bund der Mitlebenden, sich einen neuen Himmel, neue Gedanken und Ideen und schließlich eine neue Welt schafft. In diesem Kraftbewußtsein fühlt er die Schöpferkraft, die aus dem Ewigen, aus Gott kommt. So wird auch am Ende des Dichters Werk ein Singen zu Gott und mit Gott; Alfons Petzold, der Dichter der Armut, schrieb sein Testament im Augenblick des Todes. Der Tod, der sonst den Menschen die dunkle Pforte der Auflösung ist, ist ihm nicht Abschluß und

Ausklang; in seinem letzten Gedicht lebt er schon die letzte Stunde, sein letztes Lied ist die Schau auf die neue, die ewige Heimat:

> »Wenn ein Dichter stirbt, was wird da geschehen?
> Vögel, die nie sangen, werden plötzlich singen.
> Die den Boden liebten, sich zur Höhe schwingen,
> um ihn einmal, einmal noch zu sehen.
>
> Alle Blumen werden Duft und Leuchten senden
> auf zum Himmel, wo er Gott zuschwebt,
> daß er einmal noch den Tag erlebt,
> wo ihr Rausch ihm segnete die Lenden.
>
> Und die Winde werden jubeln mit Gebrause,
> jubeln, daß er endlich kam nach Hause!«

Heinrich Lersch

Karl-Maria Guth (Hg.)

Erzählungen aus dem Biedermeier

HOFENBERG

Karl-Maria Guth (Hg.)

Erzählungen aus dem Biedermeier II

HOFENBERG

Karl-Maria Guth (Hg.)

Erzählungen aus dem Biedermeier III

HOFENBERG

Erzählungen aus dem Biedermeier

Biedermeier - das klingt in heutigen Ohren nach langweiligem Spießertum, nach geschmacklosen rosa Teetässchen in Wohnzimmern, die aussehen wie Puppenstuben und in denen es irgendwie nach »Omma« riecht.

Zu Recht. Aber nicht nur.

Biedermeier ist auch die Zeit einer zarten Literatur der Flucht ins Idyll, des Rückzuges ins private Glück und der Tugenden. Die Menschen im Europa nach Napoleon hatten die Nase voll von großen neuen Ideen, das aufstrebende Bürgertum forderte und entwickelte eine eigene Kunst und Kultur für sich, die unabhängig von feudaler Großmannssucht bestehen sollte.

Georg Büchner Lenz **Karl Gutzkow** Wally, die Zweiflerin **Annette von Droste-Hülshoff** Die Judenbuche **Friedrich Hebbel** Matteo **Jeremias Gotthelf** Elsi, die seltsame Magd **Georg Weerth** Fragment eines Romans **Franz Grillparzer** Der arme Spielmann **Eduard Mörike** Mozart auf der Reise nach Prag **Berthold Auerbach** Der Viereckig oder die amerikanische Kiste

ISBN 978-3-8430-1884-5, 444 Seiten, 29,80 €

Erzählungen aus dem Biedermeier II

Annette von Droste-Hülshoff Ledwina **Franz Grillparzer** Das Kloster bei Sendomir **Friedrich Hebbel** Schnock **Eduard Mörike** Der Schatz **Georg Weerth** Leben und Taten des berühmten Ritters Schnapphahnski **Jeremias Gotthelf** Das Erdbeerimareili **Berthold Auerbach** Lucifer

ISBN 978-3-8430-1885-2, 440 Seiten, 29,80 €

Erzählungen aus dem Biedermeier III

Eduard Mörike Lucie Gelmeroth **Annette von Droste-Hülshoff** Westfälische Schilderungen **Annette von Droste-Hülshoff** Bei uns zulande auf dem Lande **Berthold Auerbach** Brosi und Moni **Jeremias Gotthelf** Die schwarze Spinne **Friedrich Hebbel** Anna **Friedrich Hebbel** Die Kuh **Jeremias Gotthelf** Barthli der Korber **Berthold Auerbach** Barfüßele

ISBN 978-3-8430-1886-9, 452 Seiten, 29,80 €

Erzählungen der Frühromantik

1799 schreibt Novalis seinen Heinrich von Ofterdingen und schafft mit der blauen Blume, nach der der Jüngling sich sehnt, das Symbol einer der wirkungsmächtigsten Epochen unseres Kulturkreises. Ricarda Huch wird dazu viel später bemerken: »Die blaue Blume ist aber das, was jeder sucht, ohne es selbst zu wissen, nenne man es nun Gott, Ewigkeit oder Liebe.«

Tieck Peter Lebrecht **Günderrode** Geschichte eines Braminen **Novalis** Heinrich von Ofterdingen **Schlegel** Lucinde **Jean Paul** Des Luftschiffers Giannozzo Seebuch **Novalis** Die Lehrlinge zu Sais
ISBN 978-3-8430-1878-4, 416 Seiten, 29,80 €

Erzählungen der Hochromantik

Zwischen 1804 und 1815 ist Heidelberg das intellektuelle Zentrum einer Bewegung, die sich von dort aus in der Welt verbreitet. Individuelles Erleben von Idylle und Harmonie, die Innerlichkeit der Seele sind die zentralen Themen der Hochromantik als Gegenbewegung zur von der Antike inspirierten Klassik und der vernunftgetriebenen Aufklärung.

Chamisso Adelberts Fabel **Jean Paul** Des Feldpredigers Schmelzle Reise nach Flätz **Brentano** Aus der Chronika eines fahrenden Schülers **Motte Fouqué** Undine **Arnim** Isabella von Ägypten **Chamisso** Peter Schlemihls wundersame Geschichte **Hoffmann** Der Sandmann **Hoffmann** Der goldne Topf
ISBN 978-3-8430-1879-1, 408 Seiten, 29,80 €

Erzählungen der Spätromantik

Im nach dem Wiener Kongress neugeordneten Europa entsteht seit 1815 große Literatur der Sehnsucht und der Melancholie. Die Schattenseiten der menschlichen Seele, Leidenschaft und die Hinwendung zum Religiösen sind die Themen der Spätromantik.

Brentano Die drei Nüsse **Brentano** Geschichte vom braven Kasperl und dem schönen Annerl **Hoffmann** Das steinerne Herz **Eichendorff** Das Marmorbild **Arnim** Die Majoratsherren **Hoffmann** Das Fräulein von Scuderi **Tieck** Die Gemälde **Hauff** Phantasien im Bremer Ratskeller **Hauff** Jud Süss **Eichendorff** Viel Lärmen um Nichts **Eichendorff** Die Glücksritter
ISBN 978-3-8430-1880-7, 440 Seiten, 29,80 €

Dekadente Erzählungen

Im kulturellen Verfall des Fin de siècle wendet sich die Dekadenz ab von der Natur und dem realen Leben, hin zu raffinierten ästhetischen Empfindungen zwischen ausschweifender Lebenslust und fatalem Überdruss. Gegen Moral und Bürgertum frönt sie mit überfeinen Sinnen einem subtilen Schönheitskult, der die Kunst nichts anderem als ihr selbst verpflichtet sieht.

Rainer Maria Rilke Die Aufzeichnungen des Malte Laurids Brigge **Joris-Karl Huysmans** Gegen den Strich **Hermann Bahr** Die gute Schule **Hugo von Hofmannsthal** Das Märchen der 672. Nacht **Rainer Maria Rilke** Die Weise von Liebe und Tod des Cornets Christoph Rilke

ISBN 978-3-8430-1881-4, 412 Seiten, 29,80 €

Erzählungen aus dem Sturm und Drang

Zwischen 1765 und 1785 geht ein Ruck durch die deutsche Literatur. Sehr junge Autoren lehnen sich auf gegen den belehrenden Charakter der - die damalige Geisteskultur beherrschenden - Aufklärung. Mit Fantasie und Gemütskraft stürmen und drängen sie gegen die Moralvorstellungen des Feudalsystems, setzen Gefühl vor Verstand und fordern die Selbstständigkeit des Originalgenies.

Jakob Michael Reinhold Lenz Zerbin oder Die neuere Philosophie **Johann Karl Wezel** Silvans Bibliothek oder die gelehrten Abenteuer **Karl Philipp Moritz** Andreas Hartknopf. Eine Allegorie **Friedrich Schiller** Der Geisterseher **Johann Wolfgang Goethe** Die Leiden des jungen Werther **Friedrich Maximilian Klinger** Fausts Leben, Taten und Höllenfahrt

ISBN 978-3-8430-1882-1, 476 Seiten, 29,80 €

Erzählungen aus dem Sturm und Drang II

Johann Karl Wezel Kakerlak oder die Geschichte eines Rosenkreuzers **Gottfried August Bürger** Münchhausen **Friedrich Schiller** Der Verbrecher aus verlorener Ehre **Karl Philipp Moritz** Andreas Hartknopfs Predigerjahre **Jakob Michael Reinhold Lenz** Der Waldbruder **Friedrich Maximilian Klinger** Geschichte eines Teutschen der neusten Zeit

ISBN 978-3-8430-1883-8, 436 Seiten, 29,80 €